L 27
Ln 10470.

AF257628

NOTICE HISTORIQUE

SUR

M. JEAN JUGLAR.

L 2/7
Ln 10470

DE L'IMPRIMERIE DE J.-M. EBERHART,
rue du Foin Saint-Jacques, n° 12.

NOTICE HISTORIQUE

SUR

M. JEAN JUGLAR,

PRÊTRE DU DIOCÈSE DE SENEZ,

CHAPELAIN

DE L'ABBAYE ROYALE DU VAL-DE-GRACE.

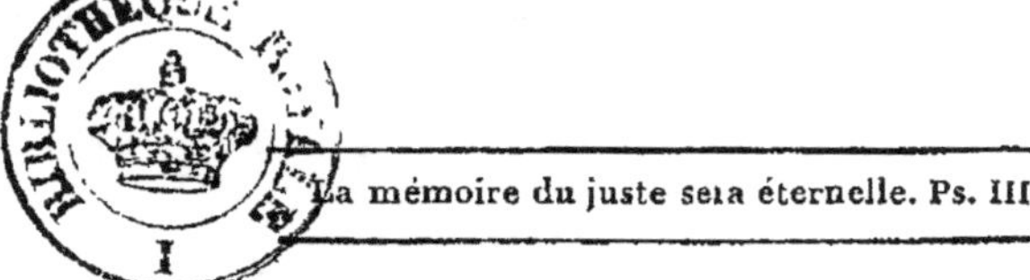

La mémoire du juste sera éternelle. Ps. III.

A PARIS,

CHEZ SAVOYE, LIBRAIRE, RUE SAINT-JACQUES,

N° 19.

1820.

NOTICE HISTORIQUE

M. JEAN JUGLAR.

Du séjour de l'éternité, où vous êtes réuni aux âmes des justes, pour jouir de la vue du Dieu de bonté qui vous créa, de ce Dieu que vous avez servi avec tant de zèle pendant près d'un siècle, et qui, en récompensant vos mérites, couronne ses propres dons ; ô notre respectable oncle , ô notre second père, agréez l'hommage que nous rendons à votre mémoire. La reconnaissance et les plus saintes affections de la nature nous en imposent le devoir; qu'il nous soit permis de répandre quelques fleurs sur la tombe qui couvre votre dépouille mortelle , et de rappeler à notre souvenir quelques-unes de ces belles vertus qui font aujourd'hui votre félicité.

Nous nous souvenons, il est vrai, que les louanges les plus méritées vous furent toujours insupportables, et que vous nous en avez interdit l'usage. Hélas! les circonstances sont bien changées ; nous pouvons aujourd'hui, sans vous désobéir, sans craindre de blesser votre humilité, parler de vos vertus, raconter l'histoire édifiante de votre vie, pour notre propre utilité, et la gloire de la religion.

Lorsque la Providence destine un simple mortel pour exercer un ministère auguste, et veut en faire le dispensateur de ses grâces, elle lui ménage de bonne heure mille circonstances favorables, que le hasard seul paraît avoir offertes; verse dans son âme les dons qui sont comme les semences sacrées des biens qu'elle veut opérer par son entremise; et, toujours attentive aux périls qui l'environnent, elle entoure d'abord son cœur d'un mur d'airain, met à couvert son innocence sous le bouclier de la foi, conduit et dirige, par sa sagesse, toutes ses démarches, et cultive avec soin le grain évangélique qu'elle a semé, pour lui faire porter des fruits en son temps. Telle a été la conduite de Dieu envers l'homme de bien qui fait l'objet de notre admiration, et qui nous rappelle de si beaux exemples.

M. Jean Juglar naquit dans la paroisse de Saint-André, diocèse de Senez, en Provence (1), le 17 juillet 1731. Il eut pour père M. Joseph Jean Juglar, et pour mère Hélène Feraud. Ses aïeux, dont l'origine

____

(1) Département des Basses-Alpes.

remonte à une époque très-reculée, prirent le jour à deux lieues de la ville épiscopale de Senez, près d'un gros bourg nommé Muriez (parce qu'une fontaine d'eau salée sourd dans les environs, et fournit un beau sel marin, *murias sodæ*, aux habitans de cette contrée), dans le quartier qui porte encore le nom de *Juglar*, et où l'on voit les décombres d'un vieux château qui s'est écroulé, comme toutes choses, sous le poids du temps. La tradition du pays dit que M. Juglar, consul à Saint-André, eut l'avantage de loger et de complimenter le saint évêque de Senez, M. de Soanen, quand il partit pour se rendre au concile d'Ambrun, où il fut cité par la haine et la calomnie, et, par suite, condamné par l'intrigue et l'esprit de parti.

M. Juglar fut élevé par un père d'un esprit juste et d'un cœur droit, qui avait toujours marché fidèlement devant le Seigneur; par une mère pieuse et tendre qui n'avait jamais partagé son cœur qu'entre Jésus-Christ et son époux; laquelle, loin du monde et renfermée dans le cercle de ses devoirs, cherchait à se sanctifier, comme dit Saint Paul, au milieu de ses enfans, en les instruisant, en les exhortant à persévérer dans la foi et dans la charité.

Ainsi, les premiers exemples domestiques furent pour lui des leçons d'une piété éclairée.

Il reçut aussi de ses parens tous les soins nécessaires pour lui fortifier le corps. Son tempérament était sanguin, sa stature moyenne, son maintien noble, ses gestes animés. Il avait une belle tête, un front large et découvert, un visage agréable, une élocution facile, une mémoire heureuse, une âme généreuse, un cœur excellent, et dont nous verrons plus loin les effets; un caractère vif, qui l'entraînait quelquefois au-delà des bornes qu'il aurait voulu ne point franchir.

Les soins que l'on prit pour l'éducation de M. Juglar, aidèrent ces heureuses dispositions, et furent les premières bénédictions dont le ciel le prévint. Destiné à porter un jour la parole de vie aux brebis dispersées des enfans d'Israël, il ne prit jamais aucune part aux folles joies du monde, ni aux dissipations du cirque, ni aux vains plaisirs du théâtre. Il porta au collège des mœurs pures. Son application lui assura des progrès rapides, et il devint bientôt un des premiers de sa classe. Poussé par le vif désir de se perfectionner dans les humanités, il partit, à l'âge de dix-huit ans, pour Marseille.

Il rencontra encore, dans cette opulente cité, une colonie des enfans de Loyola qui firent des tentatives pour se l'attacher ; mais le conservateur de toutes choses destinait cette plante pour une terre plus fertile en bons fruits. Sans autre conseil que la droiture de son cœur, il crut qu'il valait mieux suivre les leçons que l'on donnait à l'Oratoire. Son nom lui fit bientôt faire connaissance avec un professeur de cette savante congrégation qui avait connu le P. Juglar de la maison de Toulouse. Ce vertueux oratorien le prit sous sa protection, il l'encouragea par ses conseils, le soutint par ses discours et le fortifia par ses préceptes, puisés dans la sublime morale évangélique.

Au bout de quelque temps M. Juglar fut appelé par son oncle, M. Féraud, curé de Bussy dans le Chalonnais. C'était un homme respectable sous tous les rapports, et par ses lumières et par ses talens, et par son zèle et par ses vertus, qui lui acquirent l'estime, la considération et le respect que l'on doit à une conduite irréprochable et au savoir modeste. Le jeune Juglar eut le bonheur et la consolation de passer deux ans auprès de ce digne oncle, qui l'avait pris en affection, et qui l'aimait comme son enfant en J.-C. Son neveu le regardait comme un père, comme son bienfaiteur et son modèle. En effet il se forma à son exemple, en même temps qu'il suivit les leçons des professeurs du collège : instruit à une si bonne école il fut bientôt en état d'entrer au séminaire de Senez.

Il fallut que Paul se séparât de Timothée : ce fut un grand sacrifice de part et d'autre; mais tout cède au cœur rempli de zèle pour son devoir. Ce bon pasteur lui avait dit qu'il désirait lui résigner sa cure ; mais ce fruit mûr pour le ciel fut cueilli peu de mois après le départ de son neveu , qui le regretta et le pleura long-temps , ainsi que ses paroissiens qu'il laissa dans le deuil et la désolation.

La Providence , qui n'abandonne jamais ceux qui mettent leur confiance en elle , suscita à M. Juglar un nouveau protecteur ; il trouva à Senez son cousin , Félix Juglar , prévôt et grand vicaire du diocèse , par conséquent l'ami et le confident de M. l'évêque. Ce moderne Joseph le reçut avec l'amitié et la charité qui caractérisent un bon parent et un vrai chrétien. Il fut son mentor, il lui donna ses avis et il l'aida de ses conseils.

Entré au séminaire à l'âge de 20 ans, il se fit remarquer dans ses nouvelles études, par son application et par la solidité de ses raisonnemens. Il fut assez heureux pour jouir du dernier rayon de cette lumière qui brilla d'un si beau jour, sous l'épiscopat de M. de Soanen, et qui s'éclipsa presque aussitôt, après que Dieu eut appelé à lui ce digne prélat, pour le récompenser de ses vertus et de ses souffrances.

En consultant les annales des sciences morales et physiques, nous voyons les siècles de ténèbres succéder aux époques de lumières. Le genre humain tomberait bientôt dans la barbarie, si la Providence ne suscitait de temps en temps des hommes illustres et d'un rare génie, pour répandre la vérité, empêcher les passions, l'ignorance et les erreurs, de prescrire contre elle.

Depuis le juste Abel jusqu'au législateur des Hébreux ; depuis le Père des Croyans jusqu'à David et aux prophètes; depuis les docteurs de l'ancienne loi jusqu'aux docteurs des temps modernes, le ciel a toujours fourni au monde, une succession d'hommes célèbres, et une tradition non interrompue de témoins et de défenseurs de la vérité , et il en formera toujours jusqu'au moment où nous verrons la lumière dans la lumière même.

Le judicieux M. Juglar s'aperçut bientôt qu'il manquait quelque chose d'essentiel à l'éducation ecclésiastique de cette intéressante jeunesse , qui était destinée à
être la lumière des peuples et l'ornement du sanctuaire.
En effet, à en juger par l'instruction qu'on leur donnait,
on aurait cru qu'on élevait les jeunes clercs pour être
toujours ensevelis dans la retraite d'un cloître ; au lieu
de leur enseigner la manière dont ils devaient se conduire avec les hommes , se faire tout à tous pour les ga-
gner tous , maintenir la paix dans les familles , diriger les
consciences, former la génération naissante aux bonnes
mœurs, à la vertu et à la religion, qui fait toute notre
consolation sur la terre, et qui assure notre bonheur
dans la vie future. La philosophie, la morale, la théo-
logie, étaient négligées ou mal enseignées. On substi-
tuait à ces hautes connaissances, une multitude de pré-
jugés et de pratiques minutieuses qui nuisent à la religion ; semblables au lière, qui, en s'attachant au mur,
semble le parer, et qui finit par le noircir et le miner.

Ces abus le révoltèrent ; il crut qu'il était de son

devoir de les faire connaître ; il en parla aux professeurs et au supérieur ; ils ne l'entendirent point, semblables à ceux dont parle le prophète roi, dans le psaume 113 : *aures habent et non audient.* Il en prévint l'évêque, chargé de veiller sur le troupeau ; ce pontife le remercia de ses avis, sans remédier au mal. Ce zèle pour le bien public, cette franchise qui le caractérisait, cette facilité qu'il avait pour dire tout ce qu'il pensait, lui méritèrent l'estime de ses maîtres et la confiance de ses condisciples. Quand il y avait quelques discours d'apparat, c'était toujours lui qu'on en chargeait ; il s'en acquittait quelquefois avec une fine satire , toujours avec esprit, toujours de manière à recueillir des éloges.

Sa bonne conduite et son application le firent trouver digne de recevoir l'imposition des mains de son évêque (1), et d'être élevé au sacerdoce. Après son

-----

(1) M. de Vocance.

ordination, ce pieux ministre fut envoyé pour remplir sa mission divine, instruire et baptiser, etc., dans la cure de Courchon; il obéit non sans crainte. Novice dans l'exercice des fonctions pastorales, il tremblait sous le poids de sa charge; mais, soutenu par la grâce, il marcha d'un pas assuré.

M. Juglar était obligé de desservir deux paroisses, et, par conséquent, de faire un trajet de plusieurs lieues, à travers les montagnes des Alpes, souvent couvertes de neige. Malgré ces difficultés, il ne négligea aucune de ses ouailles; il leur prodigua tous les secours dont elles avaient besoin; il leur rompit le pain de la parole; il fit plus, il voulut encore soulager les maux du corps. Pour le faire plus utilement, il s'adonna à l'étude de la médecine et de la botanique. Tournefort et Raymond furent ses guides (1); il rendit

---

(1) Médecins provençaux qui ont joui d'une grande célébrité.

de grands services aux pauvres souffrans, privés trop souvent des ressources de l'art; il étudia l'étonnant mécanisme de notre organisation; il admira le bel ordre qui règne dans l'exercice des fonctions vitales, et il observa les lésions morbifiques qui nous assiègent. Il s'appliqua à connaître les plantes; il en découvrit les vertus, et s'en servit pour combattre les maladies. Il était aimé et béni de ses paroissiens, quand un évènement malheureux vint interrompre ses utiles travaux et ses douces jouissances; il eut la douleur de perdre le meilleur comme le plus vertueux des pères, qui laissa une veuve désolée, et quatre enfans en pleurs.

Dès ce moment, l'aîné de ces orphelins, M. l'abbé Juglar, fut le consolateur de sa tendre mère, qui ne survécut pas longtemps à la perte de son mari, le protecteur et le guide de ses deux sœurs, et de son frère. Il pourvut à l'établissement de tous; l'aînée se maria à M. Ratier, négociant à Colmar; et la cadette, à M. Fabre, employé aux Ponts et Chaussées, à Grasse (1). Il restait le petit

---

(1) Département du Var.

Benjamin; il lui fit embrasser la carrière de la médecine, et l'envoya étudier à Lyon; il le fit ensuite voyager sous le beau climat de la Grèce, illustrée par Homère et Hippocrate, aux échelles du levant, en Chipre, à Malthe, d'où il revint dans sa patrie, chargé des observations qu'il avait recueillies, et de l'expérience qu'il avait acquise. Rentré dans ses foyers, ce jeune praticien épousa mademoiselle Arnaud (1), qui réunissait à beaucoup de vertu une bonté rare, et une grande amabilité. Ce bon curé jouissait de voir son frère chéri et sa nouvelle famille prospérer; il ne prévoyait pas qu'il lui serait bientôt ravi! il le perdit à la fleur de son âge, victime de son application à son état, et de la fatigue qu'il éprouva, en remplissant une mission importante que le gouvernement lui avait confiée.

Cette perte accablante se fera toujours sentir à ses

---

(1) La famille des Arnaud est très-ancienne; ce nom rappelle les grands services qu'elle a rendus aux sciences, à l'État et à la religion.

enfans, qui sont aujourd'hui à Paris ; la mémoire d'un si bon père leur sera à jamais chère, ainsi qu'à tous ceux qui furent à même de le connaître, et d'apprécier son mérite et ses vertus.

Il ne fallut rien moins à M. Juglar qu'une parfaite soumission à la volonté de Dieu, pour supporter cette nouvelle perte. Il devint aussitôt le conseil et l'appui de ses neveux. Il s'occupa de leur éducation et de leur avancement ; il continua de donner tous ses soins au gouvernement de sa paroisse. L'exactitude avec laquelle il remplissait ses fonctions curiales fut remarquée par son évêque, qui jugea à propos de le transférer à la cure d'Angles, plus peuplée, plus importante, et plus difficile à conduire ; il obéit à son supérieur, tout en regrettant ses premiers paroissiens.

Dans ce nouveau poste, qui lui présentait bien plus de sujets de distraction, il n'en continua pas moins à se livrer tout entier, et sans relâche, à la culture de la vigne du Seigneur. Il s'occupa de la jeunesse, il consola la veuve, il protégea l'orphelin ; et quoique sa principale étude fût celle de la religion, il n'ignorait pas les ressources que l'on peut tirer de la lecture des auteurs profanes. Nouvel Israélite, il enlevait les dépouilles de l'Égypte, pour les faire servir au culte du vrai Dieu.

Une si grande activité, et une lumière si vive, étaient destinées à éclairer d'autres contrées. Appelé à Paris pour une affaire essentielle, il la termina au gré de ses désirs. Il y rencontra plusieurs de ses compatriotes (1), qui y jouissaient d'une grande réputation. Ils l'engagèrent à rester au milieu d'eux, persuadés qu'il y serait très-utile. M. de Beauvais, alors évêque de Senez , le lui conseilla. On lui offrit plusieurs cures, et l'emploi de chapelain de l'abbaye royale du Val-de-Grâce; il accepta ce dernier poste, quoique

-----

(1) MM. Le Franc, Gravier, et autres savans estimables.

bien moins lucratif, exemple rare dans ces derniers temps, et qui n'appartient guère qu'aux premiers âges du christianisme. Il crut voir l'ordre de Dieu dans cette décision de son evêque; il s'y conforma. Il employa tout son temps, et toutes ses facultés, pour le bien de la communauté. Sa vigilance, son exactitude, son air affable, ses paroles pleines d'onction, son esprit cultivé, le firent bientôt apprécier par la supérieure, et par tous les amis de cette maison royale. Le bon et vertueux duc de Penthièvre l'honorait de son amitié; d'autres personnages jouissant d'un grand crédit, le prenaient en affection. L'empereur Joseph II, étant venu visiter le couvent, et admirer la superbe église du Val-de-Grâce, lui offrit sa protection et ses services; il remercia ce monarque, en lui disant qu'il voulait vivre et mourir pauvre.

Sa réputation s'étendit bientôt dans cette immense capitale. Ceux qui n'avaient pas encore fléchi le genou devant Baal, accoururent à lui pour l'entendre expliquer l'histoire des merveilles de Dieu, les beautés de sa loi, le divin transport des prophètes, l'onction des écrivains inspirés, la sublime doctrine des apôtres, les savans écrits des Chrysostôme, des Augustin, des Bossuet, et des pieux solitaires de Port-Royal. Vous vous en souvenez encore, vous tous qui eûtes souvent l'avantage de suivre ses instructions, d'être édifiés de ses exemples, et satisfaits de ses conseils.

Il manquait à ses travaux la récompense que Dieu réserve à ses serviteurs, je veux dire les persécutions et la calomnie. Les plaintes que firent contre lui les ennemis de la vérité, furent écoutées; il en gémit dans le fond de son cœur; il adora les desseins impénétrables de la Providence, et pria pour ses persécuteurs; il ne connut jamais la vengeance, ni les basses menées de l'intrigue. Ses ennemis ne purent lui reprocher d'avoir recherché les honneurs et les places, ni d'y être entré par cette porte où la foule qui se presse écrase si souvent le mérite, et laisse percer la médiocrité. Une conscience sans reproches, jointe à une grande soumission, le consolait de toutes ses peines, quelque amères qu'elles fussent; il aimait à dire avec le roi prophète : « Les flèches de mes ennemis, semblables aux flèches des petits enfans, ne me font que de légères blessures; les traits de leur langue deviennent sans force, et retombent sur eux-mêmes. » Il fut inébranlable dans ses principes; ses ennemis s'en irritèrent davantage. Des vierges consacrées au Seigneur, et qui auraient dû ne s'occuper que du chant des cantiques sacrés, de concert avec quelques flatteurs du despotisme épiscopal, entravèrent à chaque instant l'exercice de ses fonctions, lui dressèrent des embûches, et le forcèrent à abandonner le poste où désormais il ne pouvait plus être utile. Il était toujours prêt à répondre au signal que Dieu lui donnait, comme un soldat n'attend que l'ordre de son chef pour l'exécuter.

En sortant du Val-de-Grâce, M. Juglar, accompagné de sa pauvreté et de sa vertu, alla loger chez MM. Francfort, qui consacraient leur vie et leur fortune en bonnes œuvres. Ces respectables amis lui offrirent l'hospitalité avec joie; ils lui témoignèrent beaucoup d'intérêt, et lui donnèrent tous les secours dont il avait besoin.

La retraite de M. Juglar ne lui fit pas abandonner ses importans travaux, ni ralentir son zèle. Il s'imposa le devoir de porter des paroles de paix partout où le besoin se ferait sentir, et ce besoin se fit sentir de plus en plus, par les progrès que fit l'irréligion, [et par ses affreux résultats (1). Nous en avons tous été ou les tristes témoins, ou les malheureuses victimes ; nous avons eu la douleur de voir ce temps de trouble et de deuil, pareil à celui qui fit dire à un orateur romain : *O tempora, ó mores* (2)! temps malheureux, où les peuples étaient soulevés contre les peuples, les gouvernemens ébranlés ou renversés, les pasteurs exilés ou massacrés, les temples fermés ou démolis, le culte suspendu ou forcé de se cacher dans la solitude.

---

(1) *Vidi prævaricantes et tabescebam ; quia eloquia tua non custodierunt.* Ps. 118.

(2) Cicéron.

Ces effroyables calamités le navrèrent de douleur ; il n'échappa à l'exil et à la mort que par une protection toute particulière de la Providence. Il disait avec le psalmiste : *Cadent à latere tuo mille, et decem millia à dextris tuis, ad te autem non appropinquabit.* Ps. 90. Pendant l'affreux carnage que l'on fit des ministres du Seigneur, il était caché sur le faîte d'une maison, sise dans la rue même où cette épouvantable scène se passait. Les mains jointes et élevées vers le ciel, il suppliait la justice divine d'arrêter ce rigoureux châtiment.

Recherché par le comité révolutionnaire, il fut obligé de se tenir long-temps caché ; poursuivi dans une maison, il fallait se réfugier dans une autre. Semblable à son divin maître, il n'avait plus où reposer sa tête. Il voulait quitter cette nouvelle Ninive, il ne le pouvait sans passeport, et la prudence ne conseillait pas d'en demander ; il ne dut son salut (1), et sa

______

(1) *Quoniam in me speravit liberabo eum.* Ps. 90.

sortie de Paris, qu'à la protection du docteur Laurens, son ami, qui était attaché au Directoire, et qui lui fit obtenir les papiers dont il avait besoin.

Favorisé par une profonde nuit, il se décida à s'éloigner de cette ville, occupée par la terreur. Parvenu à la hauteur des boulevarts de l'ouest, il fut saisi de frayeur au bruit d'un coup de fusil, qui heureusement ne l'atteignit pas. Il erra long-temps dans la campagne, exposé à mille dangers, déchiré par les ronces et les épines, accablé par la fatigue, épuisé par la faim ; il arriva enfin dans la vallée de Montmorency, à Groslay, chez les MM. Gos, qui le reçurent avec amitié, et lui offrirent l'hospitalité. Ces modernes patriarches se firent un honneur de lui prodiguer tous les secours dont il avait besoin ; ils lui préparèrent une chambre dans leur modeste demeure ; elle égalait celle du prophète, dans son ameublement. Il se forma entre eux une union, inspirée par la reconnaissance, resserrée par l'estime, et cimentée par la charité.

Dans son exil, M. Juglar exhorta ces bons Israé-lites à persévérer dans la piété ; il établit et présida des conférences sur la religion, où ces pieux cultiva-teurs trouvaient tous les dimanches, après les offices divins, un délassement à leurs travaux, une société instruite, une nourriture spirituelle, et des forces pour résister aux progrès de l'incrédulité. L'instruction que répandit cette heureuse institution distingua long-temps les habitans de ces contrées; elle se per-pétue encore de nos jours.

Quand la tempête fut dissipée, et que des jours plus sereins commencèrent à luire, il étendit ses courses évangéliques, et il fit le bien partout où il passa (1). Il rentra dans Paris, pour s'occuper autant qu'il était en lui, à réparer les maux causés par le déluge de la révolution.

Dieu, qui destinait M. Juglar à être un des soutiens

____

(1) *Pertransiit benefaciendo*. Act. Apost. 10, 38.

de sa loi, lui en avait développé les secrets ineffables. Sa science ne consistait pas dans cet amas de connaissances où tout n'est que vanité (1). Il s'occupa à ranimer dans les cœurs la charité qui s'y était refroidie, et à rétablir la foi de nos pères, presque entièrement éteinte par l'ignorance et l'esprit du siècle. Il fut député au concile national, tenu à Paris en 1797, à l'effet de remédier à tant de désordres, et pour faire cesser tant de scandales. Il parut au milieu des évêques et des prêtres de l'Eglise gallicane, assemblés pendant le règne de la république, sous les yeux du Directoire, au milieu des bayonnettes, et des satellites de l'anarchie. Ces bons pasteurs auraient donné leur vie (2) plutôt que de fuir devant le loup qui cherchait à dévorer le troupeau. Les pères du concile respectaient en lui je ne

---

(1) *Vanitas vanitatum, et omnia vanitas.* Eccl., chap. 1, vers. 2.

(2) *Bonus pastor animam suam dat pro ovibus suis.* Joan., chap. 11, vers. 11.

sais quelle autorité que donne une rare érudition, une longue expérience, et un grand amour pour le bien. Malgré les efforts de ces vigilans apôtres, qui veillaient sans cesse à l'entrée du champ du Seigneur, l'ennemi de tout bien n'en sema pas moins la zizanie.

La vérité triompha de l'erreur et du fanatisme, mais la paix que nous désirions est encore loin de nous (1)! la division porte son influence jusque dans le sanctuaire ; les esprits au lieu de se réunir, s'aigrissent, les disputes s'animent : grand Dieu! à quoi aboutiront ces dissensions funestes? Quand l'orgueil viendra-t-il se briser contre les profondeurs des mystères de votre grâce, pour faire place à l'humilité, et faire régner la concorde?

Au second concile de 1801, M. Juglar s'appliqua à faire revivre l'invariable doctrine de la primitive Église. Il exposa avec beaucoup de clarté les règles suivies par

____

(1) *Expectavimus pacem et non erat bonum.* Jerem. 8, 15.

les apôtres, les décisions des conciles, les sentimens des pères et des docteurs, jusqu'aux capitulaires de Charlemagne, aux pragmatiques de Charles VII et de Saint Louis, le plus religieux comme le plus grand de nos rois.

De tous les concordats, le moins mauvais fut conclu à cette époque, entre le Saint-Siège et le gouvernement consulaire ; il donna lieu au concile de se séparer. Depuis ce moment, M. Juglar édifia par son exemple et ses conseils les paroisses de Saint-Étienne-du-Mont, de Saint-Séverin, et de Notre-Dame. Il fut membre du presbytère, sous l'épiscopat du pieux et zélé M. Royer, archevêque de Paris, avec les curés les plus instruits et les plus distingués de la ville ; ils étaient, comme ils devraient être toujours, le conseil né, et le plus naturel de l'évêque. Il se distingua dans les assemblées synodales, par sa sagesse, par ses conseils, par son jugement, et par sa prévoyance.

Il était membre de la société philosophico-chrétienne,

composée d'ecclésiastiques, de magistrats, de gens de lettres et de savans de tous les états, qui s'entretenaient de religion, de morale, et d'autres objets intéressans.

Il était lié, d'une manière toute particulière, avec MM. les archevêques et évêques de Lyon, d'Aix, de Besançon, de Blois, de Rhodez, d'Agen, de Tarbes, et beaucoup d'autres aussi respectables, qui lui portaient une estime toute particulière et une grande affection.

Il était surtout l'ami et le conseil de M. l'évêque de Strasbourg, ils étaient dignes l'un de l'autre : ce que dit l'Ecriture de Jonathas, qu'il fit alliance avec David, et que celui-ci aimait Jonathas comme sa propre vie (1), pouvoit leur être appliqué ; ils n'avaient qu'un cœur et qu'une âme, ils ne se cachaient rien de leurs plus secrètes pensées. Obligés de se séparer pour

____

(1) Livr. des Rois, chap. 1.

le bien de la religion, il s'établit entre eux une correspondance très-intéressante. Le prélat le consultait sur différens sujets de discipline, de morale ; sur ses rapports avec le chef visible de l'Église et le gouvernement impérial. Ils rendaient à Dieu ce qui est à Dieu, et à César ce qui est à César (1). Que de difficultés n'eurent-ils pas à lever, que d'obstacles à surmonter de la part de l'ultramontanisme et de celle des vils courtisans qui rampaient servilement aux pieds du despote que nous avons vu tomber de si haut, et qui, par ses imprudences, a rendu sa chute inévitable!

Ils s'attachèrent à faire le bien, ils propagèrent les vrais principes et toutes les vérités si clairement annoncées par saint Paul sur la grâce, si victorieusement défendues par saint Augustin et par la célèbre école de Port-Royal, qui a si glorieusement combattu les nouveaux casuistes et leur morale relâchée.

____

(1) *Reddite ergo quæ sunt Cæsaris, Cæsari, et quæ sunt Dei, Deo.* Math., chap. 22, vers. 21.

Ce respectable prélat est mort à son poste au champ d'honneur, au milieu des pénibles fonctions de son ministère, et dans le cours de ses visites pastorales.

Cette perte, et celles que l'Eglise éprouvait tous les jours, affligeaient l'âme de M. Juglar; les courses qu'il faisait pour rendre service, fatiguaient beaucoup son corps; aussi essuya-t-il plusieurs maladies graves; la convalescence finie, il reprenait avec la santé son travail ordinaire; il avait une activité que rien ne pouvait ralentir. Presque octogénaire, dans une saison humide et froide, le pavé de Paris étant couvert de verglas, on lui conseilla de ne point sortir; il n'écouta que son zèle, il voulut aller, comme à l'ordinaire, exercer des œuvres de charité. Arrivé à la hauteur de la rue Saint-Antoine, il glisse, chancelle et tombe. Il se fait plusieurs contusions, et se fracture le col du fémur, accident affreux à tout âge, et surtout au sien, où le plus grand nombre périt victime d'un repos forcé, et des suites qui en sont les résultats inévitables.

La grande soumission qu'il avait aux ordres de la Providence lui fit supporter son mal avec une patience admirable ; ses proches et ses amis, qui avaient la bonté de venir le visiter, et de le consoler, étaient étonnés de le voir, sur son lit de douleur, conserver la même gaîté, et la même présence d'esprit. Au bout de trois mois d'un parfait repos, et de l'application soutenue d'un bandage contentif, la région fracturée devint moins sensible, les muscles moins irritables, et les mouvemens moins douloureux ; il lui fut enfin permis de se mettre quelques momens sur un fauteuil, pour se procurer un léger délassement. Chaque jour on avait la consolation de voir le mieux faire des progrès ; l'enflure diminua avec la rougeur, et, après une attente de six mois, il commença à marcher, à l'aide de deux béquilles. Par suite du temps, il se rétablit assez pour supporter la voiture, et aller passer quelques jours à la campagne. La saison des frimas le forçait à garder la chambre ; il fut pendant dix ans privé de sortir à pied, il n'en murmura jamais, son beau caractère lui fit passer cette longue épreuve sans ennui.

Il s'était fait un plan de lectures et de prières, et il y avait mis tant d'ordre, que, dans le courant de l'année, il lisait toute l'Ecriture-Sainte; il faisait beaucoup de notes et d'observations lumineuses sur tous ces ouvrages. Il avait composé un mémoire très-intéressant sur le gouvernement de l'Église, il le communiqua à un magistrat (1) aussi recommandable par ses vastes connaissances que par sa piété éclairée, qui le trouva si bien fait, qu'il voulut le faire voir au prince primat : celui-ci en fut très-content, et lui en fit des complimens. Ce manuscrit n'est pas perdu, il portera des fruits en son temps.

M. Juglar, voulant non-seulement faire le bien de son vivant, mais encore le perpétuer après lui, résolut de fonder une école chrétienne gratuite, au moyen

______

(1) M. Locré.

3.

de ses économies, jointes aux dons de plusieurs personnes charitables. Il s'est occupé dans les dernières années de sa vie de faire un réglement, et des statuts pour l'école, pour l'administration des fonds, pour la direction des études et du travail, etc. Il a eu la consolation, avant de fermer les yeux à la lumière, de voir cet établissement en activité. Il s'occupa aussi, autant que ses faibles moyens le permettaient, du soulagement des pauvres, mais sa main droite ne savait jamais ce que faisait sa main gauche. Au milieu de ses saintes occupations, et au commencement d'un hiver rigoureux, il fut atteint d'un catarrhe pulmonaire qui fit craindre pour ses jours. Le mal céda aux efforts de l'art, en laissant néanmoins les organes de la digestion dans une grande atonie. Il ne se dissimulait pas l'état de faiblesse où il était; il nous disait souvent, avec le calme d'une résignation vraiment chrétienne : mes amis, il faut nous quitter; courbé et abattu sous le poids de mes années, je m'achemine vers la tombe : il faut que ce corps mortel soit dé-

pouillé de son enveloppe terrestre, et revêtu de l'im-
mortalité.

Dès ce moment, il se prépara sérieusement à la
mort; après avoir mis ordre aux affaires de sa conscience, il se souvint du précepte du sage, qui veut
que tout homme soit jaloux de conserver une bonne
réputation (1). Il nous recommanda de mettre la
sienne à l'abri des calomnies, que les ennemis du bien
ne manqueraient pas de mettre en œuvre pour ternir sa
mémoire; il nous dicta ses intentions; il nous chargea
d'exécuter ponctuellement ses dernières volontés; il
nous fit promettre de veiller à son école chérie, et aux
soins des indigens; il nous conseilla de faire toujours
le bien, de ne jamais nous écarter de la justice et de la
vérité, et de vivre en paix avec tout le monde. Il nous
souhaita, non la graisse de la terre, mais la rosée du ciel.

Tous ces touchans discours, prononcés avec calme

____

(1) *Curam habe de bono nomine.* Eccl. 41, 14.

et onction, au milieu de ses souffrances et de son dé-
périssement, étaient comme un glaive à deux tran-
chans, qui nous perçaient le cœur, et attristaient notre
âme. Les derniers soins qu'on lui prodigua furent in-
fructueux contre l'irréparable ravage des années,
réuni à la longue suite des infirmités humaines.

L'arrêt est prononcé.....

Le mal gagne, la faiblesse fait des progrès, et une
attaque d'apoplexie nous laisse sans espoir de le conserver plus long-temps. Il eut la consolation de recevoir
les secours de l'Église, avec toute la présence d'esprit,
toute la soumission et toute la foi dont il avait donné
des preuves si touchantes pendant sa vie : nourri du
pain eucharistique, fortifié de l'huile sainte, plein de
confiance dans la miséricorde du Seigneur, il lui offrit
son sacrifice en récitant les passages de l'Écriture les
plus analogues à son état ; et quand ses lèvres ne purent
plus le louer, son cœur continua à le bénir en bégayant
les belles paroles du psaume 121 : *Lœtatus sum ;* et il

nous serra la main pour témoigner toute la joie qu'il avait de se trouver bientôt réuni à son Dieu.

Dans ces momens si pénibles à la nature, il fut exhorté par le charitable ecclésiastique qui l'avait administré, et assisté par les respectables sœurs de sainte Marthe, qui se consacrent au service des malades, et à l'éducation de la jeunesse indigente. Arrivé au bout d'une longue et glorieuse vie, son cœur plein de l'amour de Dieu, et d'une vive charité, qui seule ne meurt pas, les yeux fixés vers la Jérusalem céleste, ce saint vieillard recommanda son âme à Dieu, et il expira (1) le 20 décembre 1819.

Ses funérailles furent simples et chrétiennes ; un grand concours d'amis vinrent mêler leurs larmes à celles de ses parens; tous étaient profondément affligés

____

(1) *Et hæc dicens expiravit.* Saint Luc , chapitre 24, vers. 46.

de la perte que sa famille, ses concitoyens eux-mêmes et l'Église venaient de faire. Des pauvres dont il était le père, le pleuraient également; et, le cœur navré de douleur, ils se joignirent au cortège funèbre. Prosternés au pied de l'autel, et tandis que le ministre offrait la victime sans tache dont le sang efface les péchés du monde, on les vit prier avec une ferveur édifiante; ils demandaient au Dieu de miséricorde, qu'il daignât effacer, par la vertu de son sang adorable, jusqu'aux dernières traces des fautes que pouvait avoir commises celui qui tant de fois avait intercédé pour son prochain, en offrant au Très-Haut ses prières et le sacrifice non sanglant, pour lui obtenir plus promptement son entrée dans le séjour de la béatitude éternelle.

Amen.

La tendresse, la reconnaissance et le respect ont érigé à cet homme de bien, *homo vitæ integer,* une modeste pierre tumulaire. L'inscription (1) qui y est gravée, est destinée à rappeler à nos neveux ses utiles travaux, sa grande charité et sa sainte vie.

Son portrait ayant été demandé par ses amis, a été gravé par Dien (2), il est d'une ressemblance parfaite.

J. D. R. F.

------

(1) On la trouve à la fin de cet opuscule.

(2) On le trouve chez Pillot, rue Saint-Jacques, N° 6, à Paris.

ICI REPOSE

MESSIRE JEAN JUGLAR, PRÊTRE

D'UNE PIÉTÉ ÉCLAIRÉE,

IL FUT UN RESPECTABLE CURÉ DU DIOCÈSE DE SENEZ,

ET CHAPELAIN DE L'ABBAYE ROYALE DU VAL-DE-GRACE.

D'UNE RARE ÉRUDITION,

IL S'ATTACHA A L'INVARIABLE DOCTRINE DE L'ÉGLISE,

ET IL PROPAGEA AVEC ZÈLE LES VRAIS PRINCIPES.

D'UNE GRANDE CHARITÉ,

IL FONDA UNE ÉCOLE CHRÉTIENNE GRATUITE,

ET IL CONSOLA LA VEUVE ET L'ORPHELIN.

AGÉ DE 88 ANS,

IL S'ENDORMIT DANS LE SEIGNEUR LE 20 DÉCEMBRE 1819.

CHÉRI, RESPECTÉ, PLEURÉ DE SA FAMILLE ET DE SES AMIS.

REQUIESCAT IN PACE.

www.ingramcontent.com/pod-product-compliance
Lightning Source LLC
Chambersburg PA
CBHW051320060726

47596CB00004B/1396